Note to Parents

Learning to write in cursive still on important skill for children today. Research suggests that learning to write in cursive activates different parts of the brain. Cursive writing also strengthens a child's fine motor skills, as it uses different muscles than when writing in paint .

In each page of this book children can eider color, write and learn alphabet, numbers and new words.

Part 1:

Alphabet

Let's color !

Apple

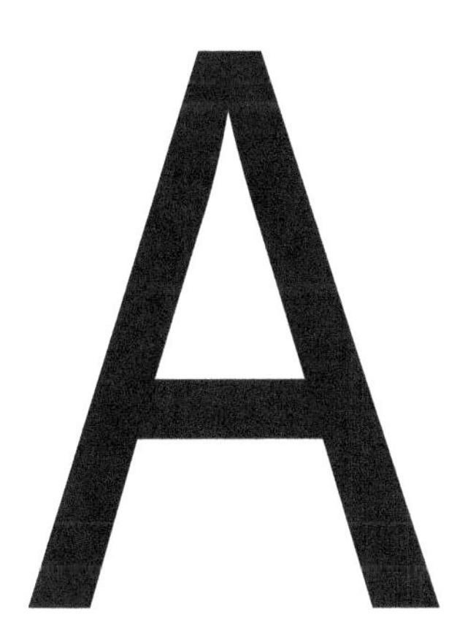

A

A

a

Airplane - **A**nt

A	B	C	D	E	F	G	H	I	J	K	L	M	N	O	P	Q	R	S	T	U	V	W	X	Y	Z
a	b	c	d	e	f	g	h	i	j	k	l	m	n	o	p	q	r	s	t	u	v	w	x	y	z

Let's color !

Butterfly

B

b

Balloon - **B**oy

A	B	C	D	E	F	G	H	I	J	K	L	M	N	O	P	Q	R	S	T	U	V	W	X	Y	Z
a	b	c	d	e	f	g	h	i	j	k	l	m	n	o	p	q	r	s	t	u	v	w	x	y	z

Let's color !

Cat

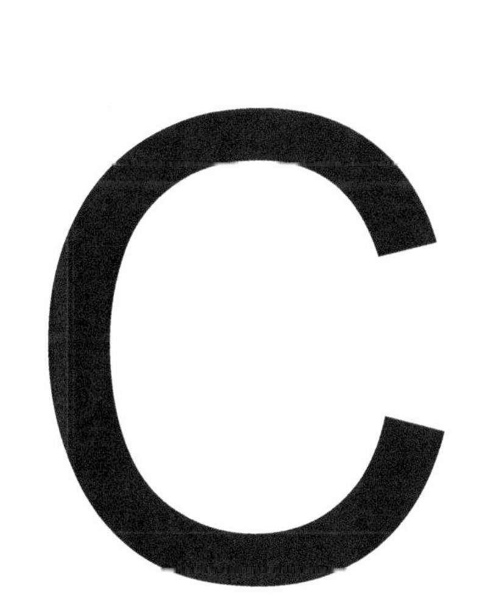

C

c

Cow - **C**ar

Let's color !

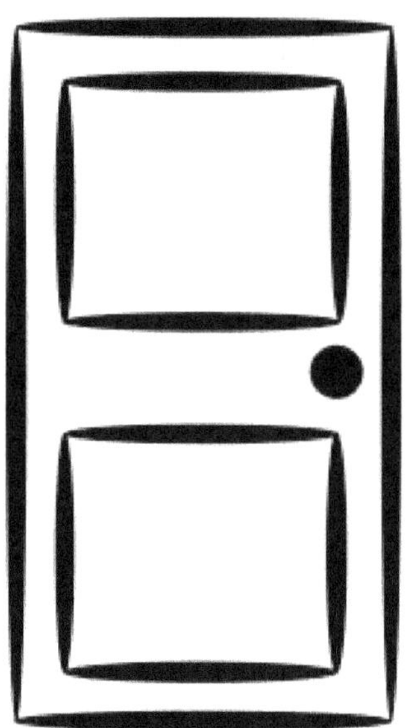

Door

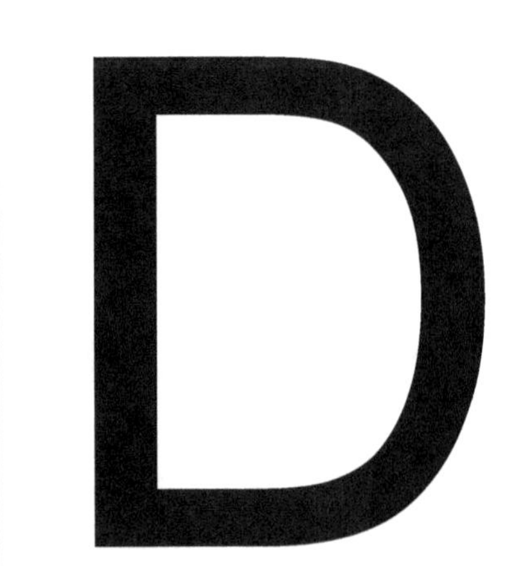

D

d

Dolphin - **D**rum

Let's color !

Earth

E

E
e

Egg - **E**nvelope

A	B	C	D	E	F	G	H	I	J	K	L	M	N	O	P	Q	R	S	T	U	V	W	X	Y	Z
a	b	c	d	e	f	g	h	i	j	k	l	m	n	o	p	q	r	s	t	u	v	w	x	y	z

Let's color !

Flower

F

f

Fish - **F**amily

A	B	C	D	E	F	G	H	I	J	K	L	M	N	O	P	Q	R	S	T	U	V	W	X	Y	Z
a	b	c	d	e	f	g	h	i	j	k	l	m	n	o	p	q	r	s	t	u	v	w	x	y	z

Let's color !

Guitar

G

G

g

Green - **G**iraffe

A	B	C	D	E	F	G	H	I	J	K	L	M	N	O	P	Q	R	S	T	U	V	W	X	Y	Z
a	b	c	d	e	f	g	h	i	j	k	l	m	n	o	p	q	r	s	t	u	v	w	x	y	z

Let's color !

Hands

H

h

Horse - **H**ammer

A	B	C	D	E	F	G	H	I	J	K	L	M	N	O	P	Q	R	S	T	U	V	W	X	Y	Z
a	b	c	d	e	f	g	h	i	j	k	l	m	n	o	p	q	r	s	t	u	v	w	x	y	z

Let's color !

Ice cream

I

i

Igloo - **I**sland

A	B	C	D	E	F	G	H	I	J	K	L	M	N	O	P	Q	R	S	T	U	V	W	X	Y	Z
a	b	c	d	e	f	g	h	i	j	k	l	m	n	o	p	q	r	s	t	u	v	w	x	y	z

Let's color !

Jacket

J

j

Jeep – **J**ellyfish

Let's color !

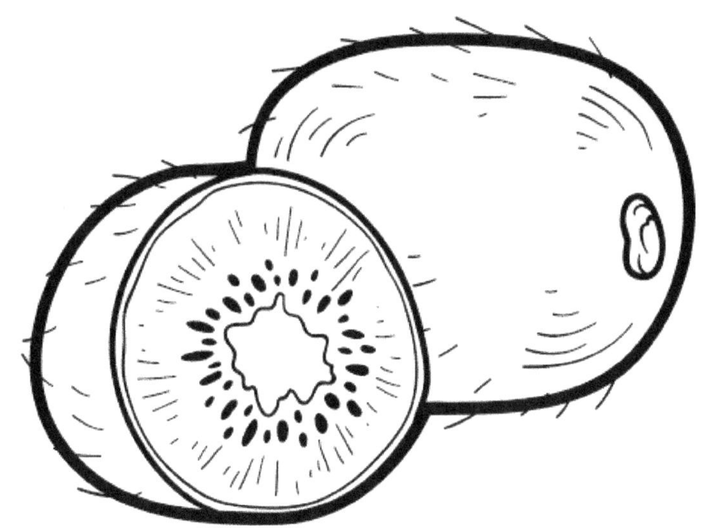

Kiwi

K

k

King - **K**ey

A	B	C	D	E	F	G	H	I	J	K	L	M	N	O	P	Q	R	S	T	U	V	W	X	Y	Z
a	b	c	d	e	f	g	h	i	j	k	l	m	n	o	p	q	r	s	t	u	v	w	x	y	z

Let's color !

Lion

L

L

l

Ladder - **L**eaf

A	B	C	D	E	F	G	H	I	J	K	L	M	N	O	P	Q	R	S	T	U	V	W	X	Y	Z
a	b	c	d	e	f	g	h	i	j	k	l	m	n	o	p	q	r	s	t	u	v	w	x	y	z

Let's color !

Monkey

M

M
m

Milk - **M**oon

Let's color !

Nut

N

n

Nurse - **N**et

Let's color !

Orange

O

o

Oliver - **O**strich

Let's color !

Piano

P

P
p

Penguin - **P**an

<table>
<tr><td>A</td><td>B</td><td>C</td><td>D</td><td>E</td><td>F</td><td>G</td><td>H</td><td>I</td><td>J</td><td>K</td><td>L</td><td>M</td><td>N</td><td>O</td><td>P</td><td>Q</td><td>R</td><td>S</td><td>T</td><td>U</td><td>V</td><td>W</td><td>X</td><td>Y</td><td>Z</td></tr>
<tr><td>a</td><td>b</td><td>c</td><td>d</td><td>e</td><td>f</td><td>g</td><td>h</td><td>i</td><td>j</td><td>k</td><td>l</td><td>m</td><td>n</td><td>o</td><td>p</td><td>q</td><td>r</td><td>s</td><td>t</td><td>u</td><td>v</td><td>w</td><td>x</td><td>y</td><td>z</td></tr>
</table>

Let's color !

Queen bee

Q

q

Quarter - **Q**uill

Let's color !

Rocket

R

R

r

Rabbit - **R**obot

A	B	C	D	E	F	G	H	I	J	K	L	M	N	O	P	Q	R	S	T	U	V	W	X	Y	Z
a	b	c	d	e	f	g	h	i	j	k	l	m	n	o	p	q	r	s	t	u	v	w	x	y	z

<u>Let's color !</u>

Strawberry

S

S

Sun - **S**heep

Let's color !

Train

T

T
t

Table - Teeth

Let's color !

Unicorn

U

u

Umbrella - **U**tensils

Let's color !

Volcano

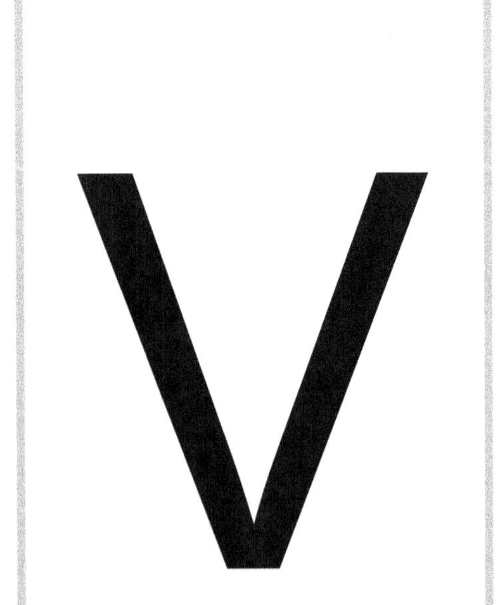

V v

Van - **V**egetables

A	B	C	D	E	F	G	H	I	J	K	L	M	N	O	P	Q	R	S	T	U	V	W	X	Y	Z
a	b	c	d	e	f	g	h	i	j	k	l	m	n	o	p	q	r	s	t	u	v	w	x	y	z

Let's color !

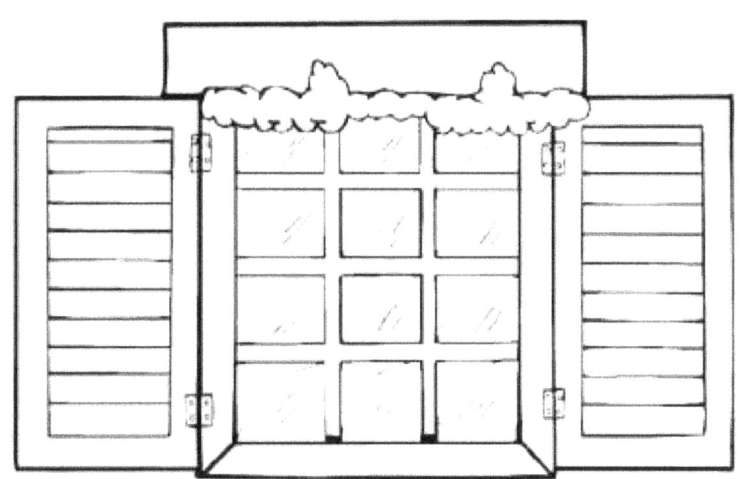

Window

W

Water - **W**heel

A	B	C	D	E	F	G	H	I	J	K	L	M	N	O	P	Q	R	S	T	U	V	W	X	Y	Z
a	b	c	d	e	f	g	h	i	j	k	l	m	n	o	p	q	r	s	t	u	v	w	x	y	z

Let's color !

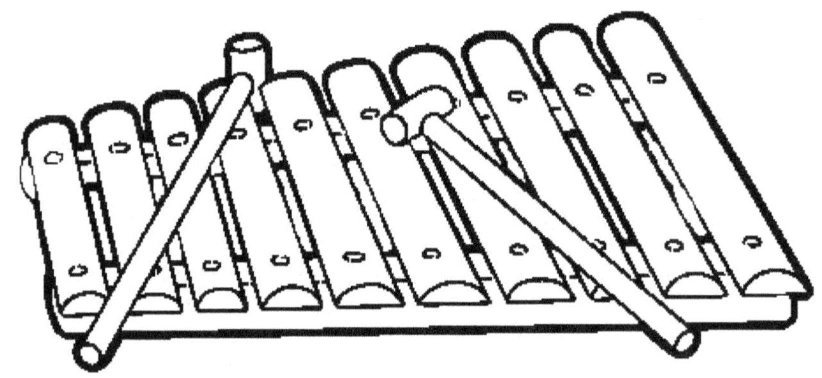

Xylophone

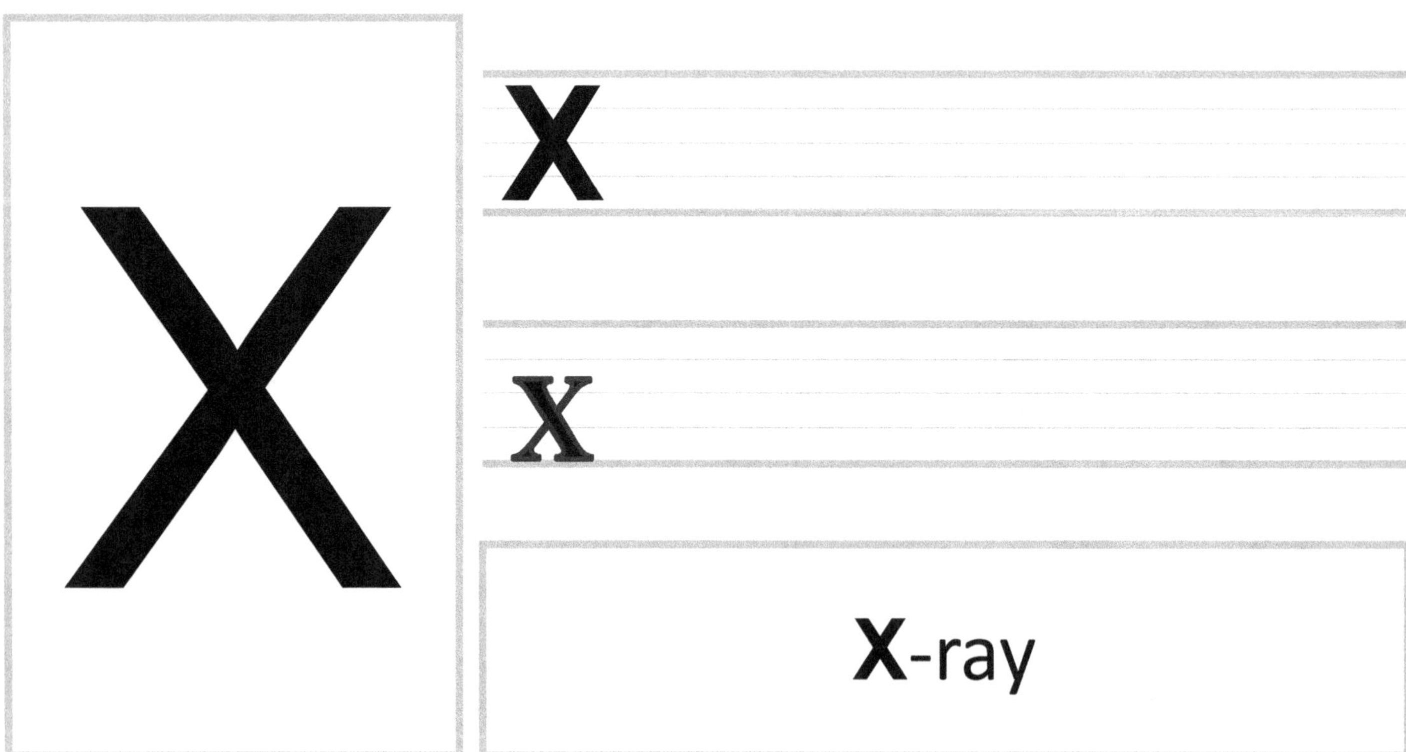

X-ray

Let's color !

Yacht

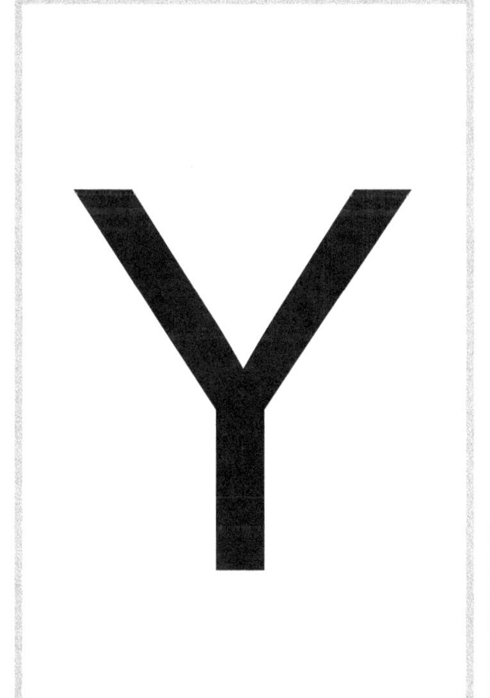

Y

y

Yarn - **Y**o-yo

A	B	C	D	E	F	G	H	I	J	K	L	M	N	O	P	Q	R	S	T	U	V	W	X	Y	Z
a	b	c	d	e	f	g	h	i	j	k	l	m	n	o	p	q	r	s	t	u	v	w	x	y	z

Let's color !

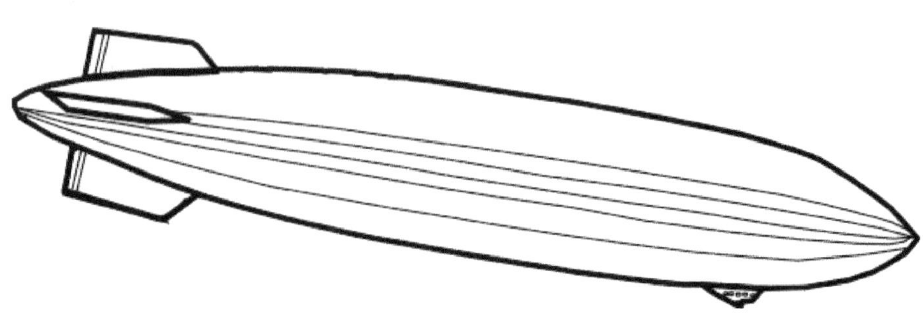

Zeppelin

Z

Z

z

Zoo - **Z**ucchini

Part 2:

0	1	2	3	4	5	6	7	8	9	10
zero	one	two	three	four	five	six	seven	eight	Nine	ten

Let's color !

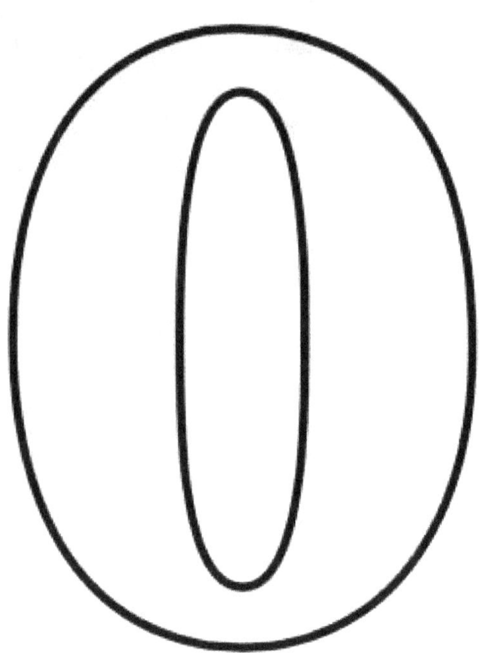

0 Zero

0 Zero

0	1	2	3	4	5	6	7	8	9	10
zero	one	two	three	four	five	six	seven	eight	Nine	ten

Let's color !

One

One

0	1	2	3	4	5	6	7	8	9	10
zero	one	two	three	four	five	six	seven	eight	Nine	ten

Let's color !

2

Tow

2

Tow

0	1	2	3	4	5	6	7	8	9	10
zero	one	two	three	four	five	six	seven	eight	Nine	ten

Let's color !

3

Three

$\overrightarrow{3}$

Three

0	1	2	3	4	5	6	7	8	9	10
zero	one	two	three	four	five	six	seven	eight	Nine	ten

Let's color !

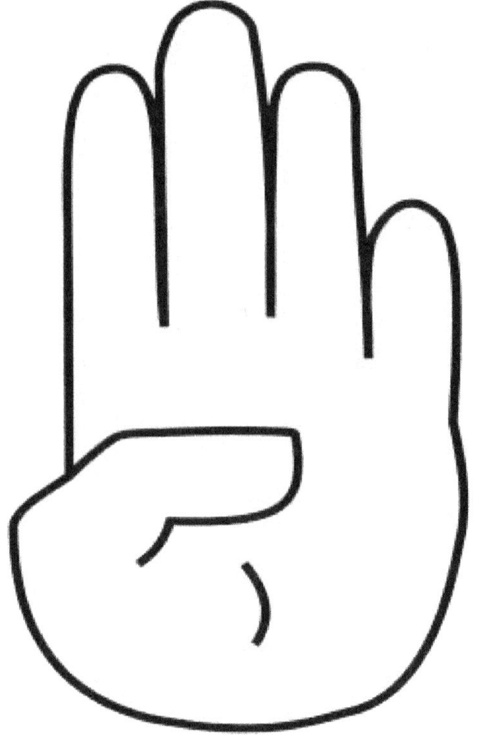

4

Four

Four

0	1	2	3	4	5	6	7	8	9	10
zero	one	two	three	four	five	six	seven	eight	Nine	ten

Let's color !

5

Five

5

Five

0	1	2	3	4	5	6	7	8	9	10
zero	one	two	three	four	five	six	seven	eight	Nine	ten

Let's color !

6

Six

6

Six

0	1	2	3	4	5	6	7	8	9	10
zero	one	two	three	four	five	six	seven	eight	Nine	ten

<u>Let's color !</u>

7

Seven

Seven

0	1	2	3	4	5	6	7	8	9	10
zero	one	two	three	four	five	six	seven	eight	Nine	ten

Let's color !

8

Eight

Eight

0	1	2	3	4	5	6	7	8	9	10
zero	one	two	three	four	five	six	seven	eight	Nine	ten

Let's color !

9

Nine

9

Nine

0	1	2	3	4	5	6	7	8	9	10
zero	one	two	three	four	five	six	seven	eight	Nine	ten

Let's color !

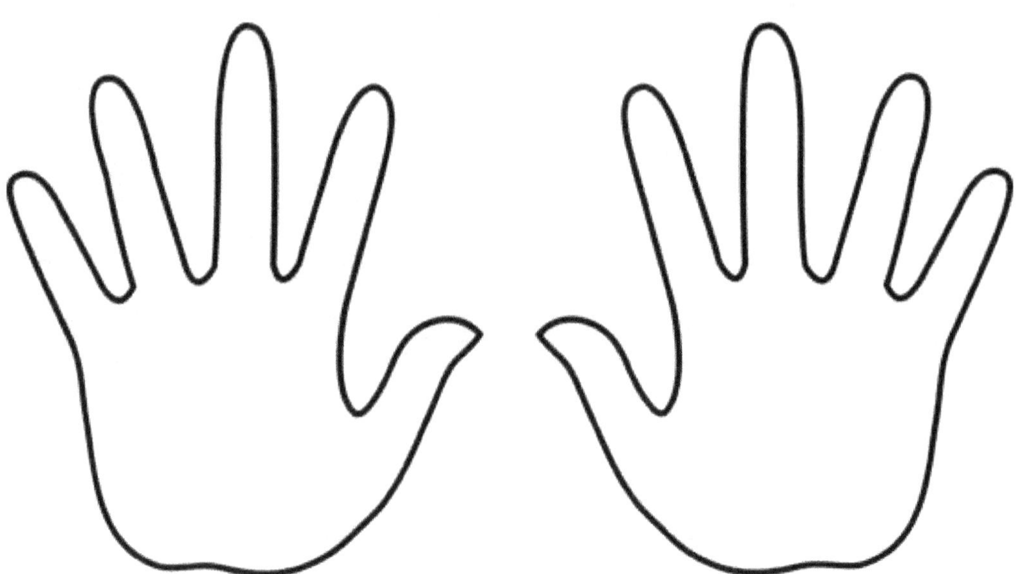

10

10

Ten

Ten

Let's color!

Good job

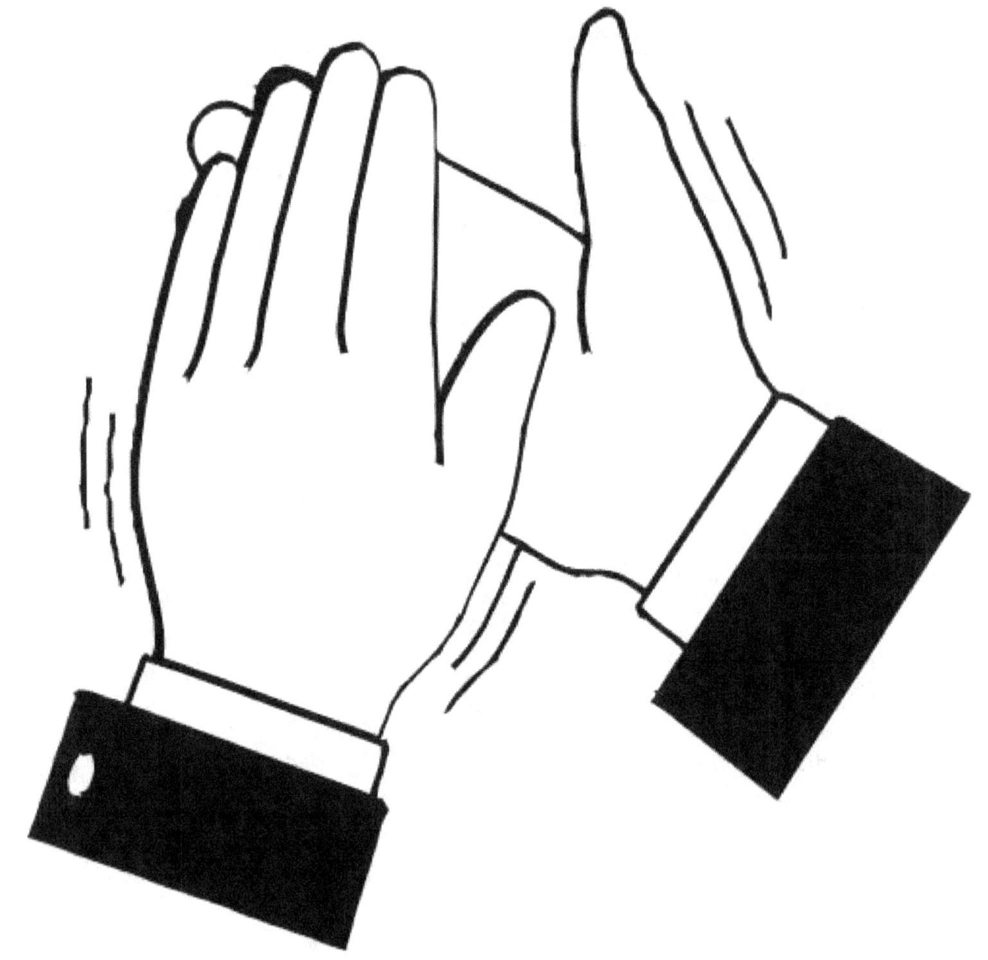

www.ingramcontent.com/pod-product-compliance
Lightning Source LLC
Chambersburg PA
CBHW080010160726
47998CB00019B/2911